Claudia Haider

Kindergarten / Vorschule

Lernen mit Tec • Tia

Ich lerne Schreiben

Richtig auf die Schule vorbereiten!

G&G

Inhaltsverzeichnis

Schulbuchnummer 195.665

Die Aufnahme in den Anhang zur Schulbuchliste für die unten angeführte Schulart, Klasse und den Unterrichtsgegenstand wurde vom Bundesministerium für Bildung, Wissenschaft und Forschung mit BMBWF-5.001/0051-Präs/14/2019 vom 28. Oktober 2019 empfohlen:
für die 1. Schulstufe an Volksschulen im Unterrichtsgegenstand Deutsch, Lesen, Schreiben

Ein extra Schreibheft zum Üben und Automatisieren finden sie als Download auf unserer Homepage www.ggverlag.at

Wichtige Arbeitshinweise für Eltern, Lehrerinnen und Lehrer, Pädagoginnen und Pädagogen, Therapeutinnen und Therapeuten

In diesem Buch finden Sie **kurze, vielfältige Übungen und Spiele,** die **optimal auf den Übertritt in die Schule vorbereiten** und **Aufmerksamkeit, logisches Denken** und **Ausdauer fördern**.

- Sorgen Sie beim Arbeiten mit dem Kind für eine **ruhige und entspannte Atmosphäre**! Das Kind soll aufrecht und nahe am Tisch (leichter Kontakt) sitzen. Beide Fußsohlen müssen am Boden stehen (evtl. etwas unter die Füße stellen).
- **Beginnen Sie** jedes Training **mit dem Spiel**, das Sie auf jeder Seite ganz unten finden! Tipp: Spielen Sie die angeführten Spiele und eigenen Versionen an mehreren Tagen, das stärkt und motiviert!
- **Lesen Sie** die Arbeitsanweisungen **vor** und **besprechen** Sie die Übung! Lassen Sie das Kind **anschließend die Übung mit eigenen Worten erklären** und die Linien mit dem Zeigefinger nachfahren!
- Lassen Sie das Kind möglichst **selbständig arbeiten** und unterbrechen Sie es nicht, wenn es konzentriert arbeitet!
- **Loben Sie** das Kind für die erbrachte Leistung! Besprechen Sie bei fehlerhaften Lösungen die Strategie des Kindes! Findet das Kind einen Fehler, darf es jederzeit selbst korrigieren.
- **Üben Sie kurz, aber regelmäßig** (5-mal pro Woche, jeweils 15 Minuten)!

In diesem Band geht es um ein **systematisches Trainingsprogramm für die Grundelemente unserer Buchstaben und Zahlen**. Es handelt sich dabei um **gerade und kurvige Linien, Schlingen, Kreise, Punkte, Kombinationen und Figuren**. Das Kind beginnt mit **großräumigen Schwungübungen und großen Formaten**, die **schrittweise kleiner** werden. Es erfordert **viel Übung und häufige Wiederholungen,** bis Kinder die Grundformen der Schrift sicher beherrschen. Erst dann können sie dem Schreiblernprozess gut folgen.
Die Vorgehensweise ist immer von groß zu klein, von freien zu gebundenen Bewegungen, von einfachen zu komplexen Formen. Das Kind soll mit Papier und Stiften **in kindgemäßer, spielerischer Form** arbeiten. Durch **vielfältige Wahrnehmungs- und Bewegungserfahrungen** können sich eine gute **Fingergeschicklichkeit** und die **Feinmotorik der Hand** entwickeln. Lassen Sie das Kind mit **unterschiedlichen Stiften** (dicke Bleistifte, Farbstifte, Filzstifte, Ölkreiden) arbeiten. So kann es selbst herausfinden, womit es am besten „schreiben" kann. Dreieckige Stifte oder Schreibhilfen können den Drei-Punkt-Griff erleichtern.

An **Materialien für die Spiele** benötigen Sie unter anderem:
Knetmasse, alte Zeitungen, Schere, Klebstoff, A3/A4-Papier, dicke Farbstifte oder Ölkreiden, Stäbchen, Streichhölzer, Zahnstocher, ein Spielzeugauto, Becher, Sand, ein tiefes Kuchenblech oder eine kleine Wanne, Bausteine ...

Jedes Training erfordert **Geduld und Ausdauer**. **Loben und ermutigen** Sie das Kind!
Ich wünsche allen Kindern **viel Freude und Erfolg** beim Training!

Claudia Haider

Starte mit dem Spiel unten!

Lass nun mit beiden Händen gleichzeitig Wasser aus diesem Springbrunnen sprühen! Verwende verschiedene Farben! Sprich dazu: „Das Wasser spritzt, das Wasser spritzt, bis keiner mehr im Trockenen sitzt!"

Das Spritzen macht Spaß!

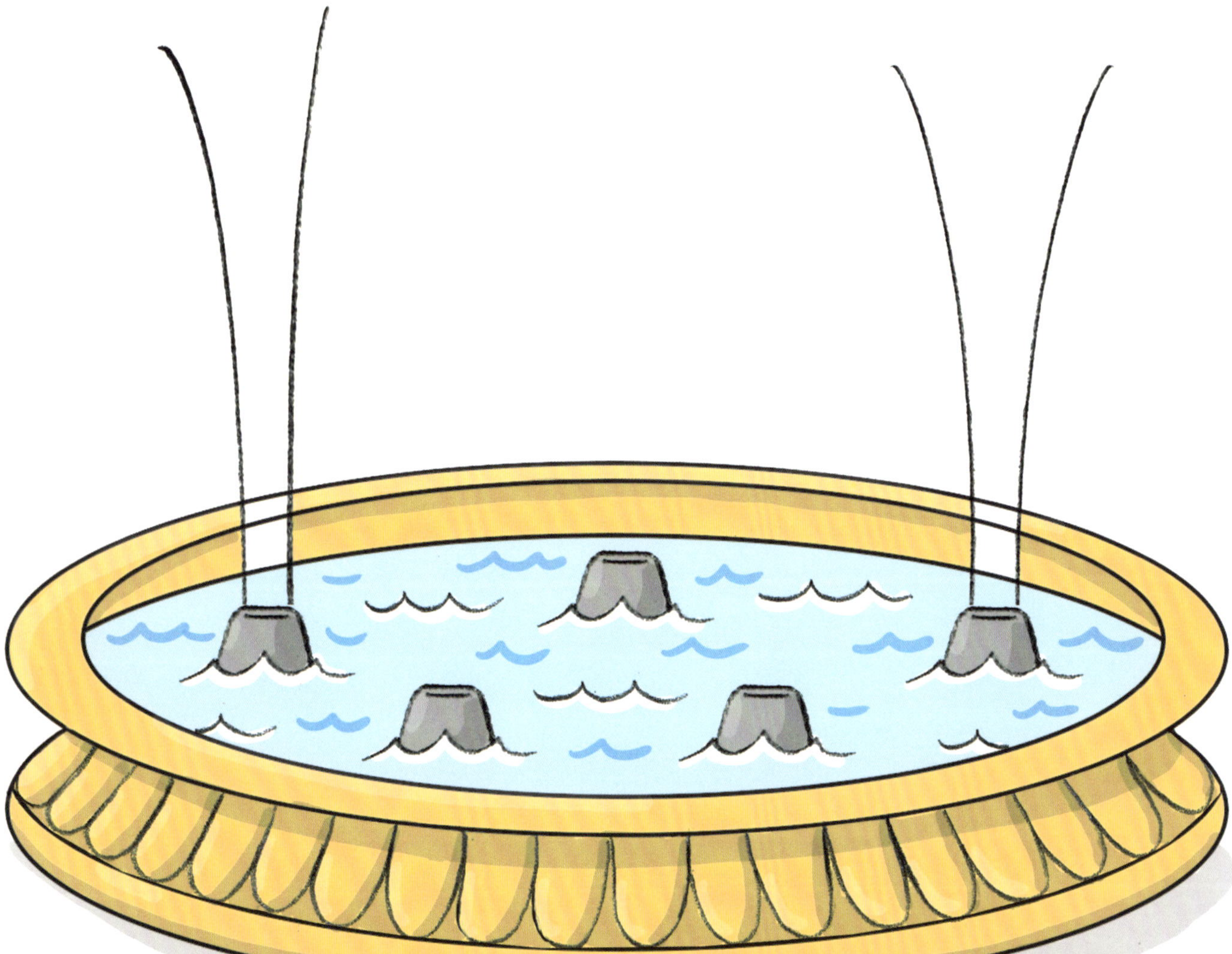

Spielanleitung:

„Du bist heute ein Springbrunnen, der Wasser spritzt. Geh in die Hocke und mache einen Strecksprung! Gleichzeitig werden deine Arme zu hohen Wasserfontänen." Spielen Sie mindestens fünf Durchgänge, am besten gemeinsam, evtl. vor einem großen Spiegel. Dann soll das Kind das Spiel durch folgende Übung ersetzen. Es malt mit beiden Händen gleichzeitig auf einem großen Blatt Papier (mindestens A3, am Rand festkleben). Dafür benötigt es dicke Farbstifte oder Ölkreiden. Es zeichnet zuerst einen Kreis als Brunnen. Helfen Sie nur, wenn das Kind überfordert ist.

Starte mit dem Spiel unten!

So viele Wolken, es regnet stark. Zeichne zu jeder Wolke Regen, damit die Pflanzen wachsen können! Verwende verschiedene Farben!

Für den Regen zeichne ich viele kurze Striche.

Spielanleitung:

Regengeschichte: Setzen Sie sich mit dem Kind an einen Tisch oder auf den Boden. Mit den Fingern lassen Sie es zuerst „tröpfeln". Anschließend „regnet" es immer stärker, bis der Regen wieder aufhört und die Sonne scheint. „Heute sind viele Wolken am Himmel. Es beginnt bereits zu tröpfeln, nach und nach wird der Regen stärker, bis es in Strömen gießt. Langsam lässt der Regen nach. Es sind nur noch einzelne Tropfen zu hören. Schließlich hört es auf zu regnen und die Sonne scheint." Anschließend soll das Kind dieselbe Übung auf Ihrem Rücken machen. Wechsel!
Danach soll das Kind Regen (kurze Striche) mit dicken Farbstiften oder Ölkreiden auf ein großes Blatt Papier (mindestens A3, am Rand festmachen) zeichnen. Lassen Sie das Kind vorher eine Wolke zeichnen.

Starte mit dem Spiel unten!

Hier siehst du eine kleine Igelfamilie. Ziehe zuerst die punktierten Stacheln von oben nach unten nach! Zeichne jedem Igel noch viele Stacheln dazu, damit er gut geschützt ist!

Oh, sind die süß! Da fehlen aber noch viele spitze Stacheln!

Spielanleitung:

Nehmen Sie eine alte Zeitung und zeigen Sie Folgendes vor: „Reiß einen schmalen Streifen (ca. 2 cm) über die ganze Länge herunter! Die Bahn soll von oben nach unten gerissen werden und möglichst nicht abreißen." Das Kind soll mindestens drei lange Streifen reißen. Im nächsten Schritt soll das Kind mit diesen Streifen ein Bild/ein Muster gestalten. Dazu soll es Klebstoff von oben nach unten auf die Streifen auftragen und diese aufkleben. Das Kind kann die Streifen natürlich auf jede beliebige Länge kürzen (reißen).

Starte mit dem Spiel unten!

Versuche mit einem Schuss ins Tor zu treffen! Fahre die Wege zuerst mit dem Zeigefinger und anschließend mit einem Stift nach! Zähle, wie oft du getroffen hast!

Juhu, ich habe ins Tor getroffen!

Spielanleitung:

Nehmen Sie ein großes Blatt Papier (mindestens A3, Rand fixieren). Zeichnen Sie ein Tor mit ca. 5 x 5 cm in die Mitte und markieren Sie verschiedene Startpunkte! Das Kind versucht nun, mit einem dicken Farbstift, in einem geraden Zug, ins Tor zu treffen.

Starte mit dem Spiel unten!

Heute werden die reifen Früchte geerntet.
Ziehe die punktierten Sprossen nach und zeichne die fehlenden dazu! Verwende verschiedene Farben!

Für jede Sprosse zeichne ich eine Linie von links nach rechts.

Spielanleitung:

Bereiten Sie Essstäbchen/Holzstäbe mit ca. 25 cm Länge und Streichhölzer vor. „Heute wollen wir eine Leiter bauen. Lege zuerst links und rechts ein langes Stäbchen auf und anschließend die Sprossen mit Zündhölzern dazwischen!“
Danach soll das Kind eine Leiter mit dicken Farbstiften oder Ölkreiden auf ein großes Blatt Papier (mindestens A3, Rand befestigen) zeichnen.

Starte mit dem Spiel unten!

Auf dem alten Dachboden siehst du viele Spinnennetze. Ziehe die punktierten Linien nach und zeichne fehlende Linien dazu! Verwende verschiedene Farben!

Die Fäden der Spinnennetze sind klebrig.

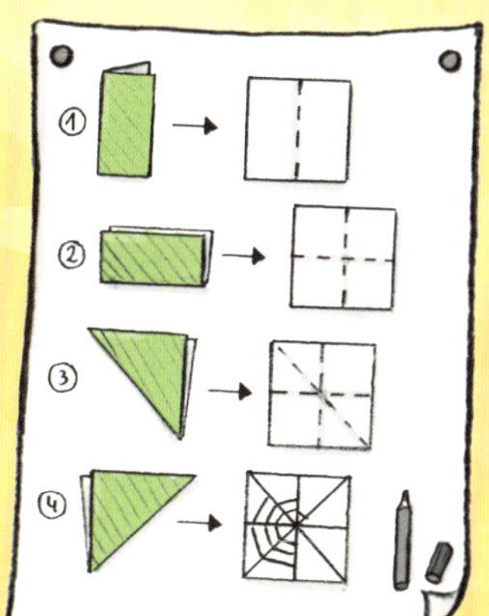

Spielanleitung:
Vorsicht Spinnennetz! „Die Spinne spinnt ein Netz, um ihre Beute zu fangen." Lassen Sie das Kind ein ca. 20 x 20 cm großes Blatt Papier falten (siehe Bildbeschreibung). Ziehen Sie die entstandenen Linien nach. Das Kind verbindet nun die einzelnen Linien durch Striche. Es arbeitet von innen nach außen.

Jedes Fenster soll Sprossen bekommen.
Ziehe zuerst die vorgegebenen Sprossen nach!
Zeichne anschließend die fehlenden Sprossen dazu!
Verwende verschiedene Farben!

In meinem Haus bekommt jedes Fenster eine andere Farbe.

Spielanleitung:

Bereiten Sie Knetmasse vor. Das Kind soll dünne Rollen formen, aus diesen ein Haus mit Sprossenfenstern und Tür legen und mit dem Finger an der Oberfläche einige Male nachfahren. Im nächsten Schritt soll das Kind mit dicken Farbstiften oder Ölkreiden ein Haus mit Sprossenfenstern auf ein großes Blatt Papier (mindestens A3, am Rand festkleben) zeichnen. Das Kind darf natürlich einen Garten dazuzeichnen und das Bild aufhängen.

Starte mit dem Spiel unten!

In diesem Dorf gibt es viele Häuser in einer Reihe. Ziehe die Dächer von links nach rechts nach und sprich dazu: „Zick, zack, zick, zack …“ Ziehe jede Dächerreihe mit drei verschiedenen Farben nach!

Diese spitzen Dächer gefallen mir sehr!

Spielanleitung:

Das Kind soll drei gleich große Hausdächer aus Papier falten (Quadrat ca. 9 x 9 cm, evtl. dickeres Papier). Die Ecken werden diagonal aufeinandergelegt. Es entsteht ein Dreieck (= Dach). Lassen Sie das Kind die Dachschrägen mit dem Finger nachfahren und an den Ecken, vor dem Richtungswechsel, kurz stoppen. Danach soll das Kind die Hausdächer dicht aneinander aufkleben (= Häuserreihe) und mit dicken Farbstiften oder Ölkreiden auf einem großen Blatt Papier (mindestens A3, am Rand festmachen) nachfahren. An den Ecken immer kurz stoppen. Das Kind spricht dazu: „Zick, zack, zick, zack …“

Starte mit dem Spiel unten!

Du siehst hier viele Zickzackreihen aus Zahnstochern. Ziehe die punktierten Linien nach! Stoppe, bevor du die Richtung wechselst! Achte auf die Spitzen! Verwende verschiedene Farben!

Ich spreche: „Zick, zack, zick, zack …"

Spielanleitung:

Bereiten Sie ca. zehn Zahnstocher vor und lassen Sie das Kind eine Zickzacklinie legen. Danach soll das Kind Zickzacklinien mit dicken Farbstiften oder Ölkreiden auf ein großes Blatt Papier (mindestens A3, Rand fixieren) zeichnen. Vor der Richtungsänderung immer stoppen und auf die Spitze achten!

Starte mit dem Spiel unten!

Jeder Schmetterling fliegt 5-mal um die von ihm ausgewählte Blume herum, bevor er sich setzt. Suche eine Blüte für jeden Schmetterling! Verwende verschiedene Farben!

Ich fliege zuerst um die rote Blüte herum.

Spielanleitung:

Verteilen Sie vier Blumentöpfe großzügig am Boden. „Heute bist du ein Schmetterling. Fliege um jede Blume 5-mal herum, bevor du zu einer anderen schwebst! Besuche jede Blume mindestens ein Mal! Ändere bei jeder Blume die Flugrichtung!" Zeigen Sie das Spiel vor. Im nächsten Schritt soll das Kind diese Übung mit dicken Farbstiften oder Ölkreiden auf einem großen Blatt Papier (mindestens A3, Rand befestigen) durchführen. Zeichnen Sie fünf Töpfe, die beliebig verteilt sind.

Starte mit dem Spiel unten!

Jede Schnecke möchte ein Haus, in dem sie wohnen kann. Ziehe nach und zeichne selbst Schneckenhäuser! Du kannst auch schöne Muster auf ein Schneckenhaus zeichnen.

Ich finde Schneckenhäuser wunderschön!

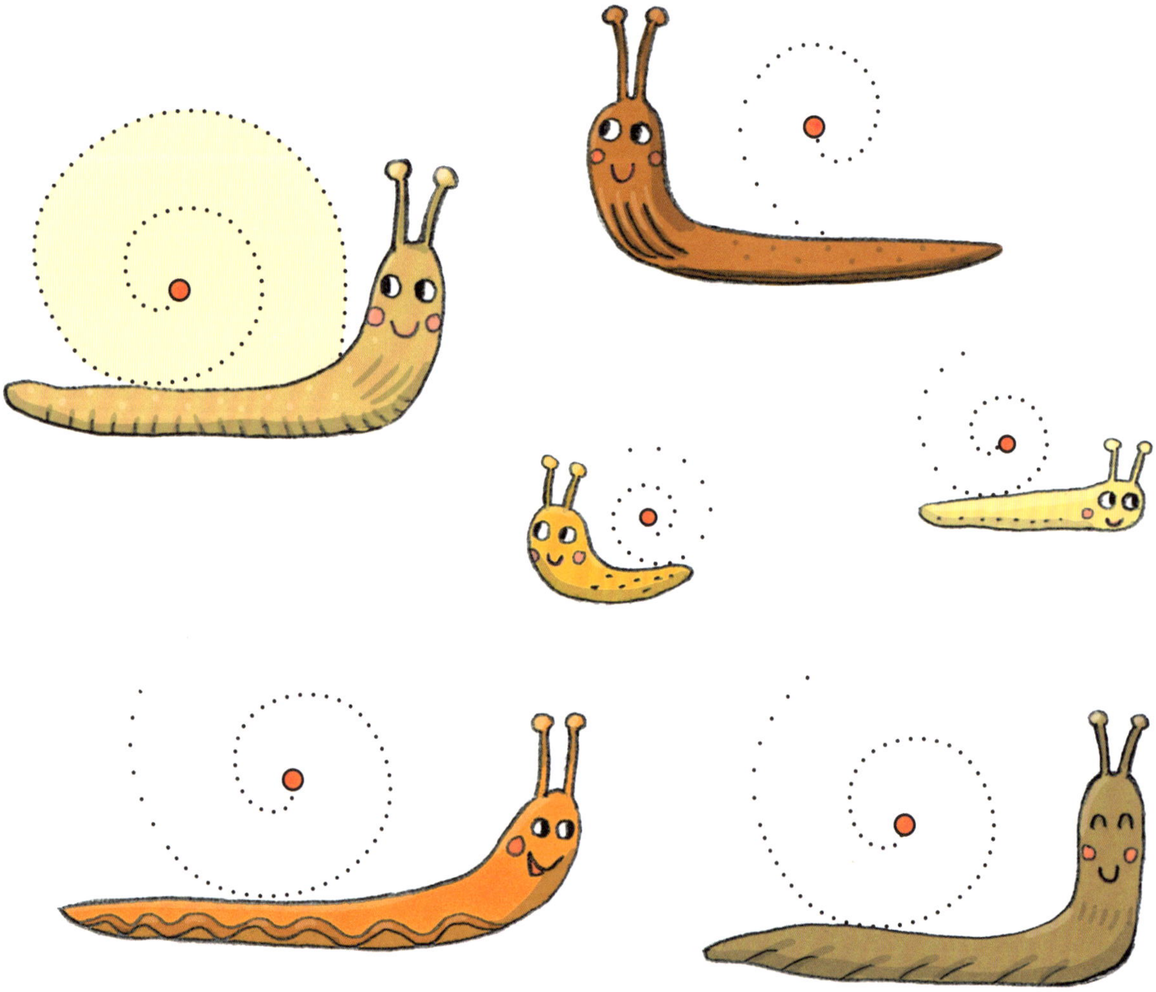

Spielanleitung:

Zeigen Sie folgendes Spiel vor: „Heute wollen wir mit beiden Armen (Zeigefinger ausstrecken) große Schneckenhäuser in die Luft zeichnen. Wir beginnen mit winzig kleinen Kreisen, die mit jedem Schwung größer werden.“

Anschließend soll das Kind zwei Schnecken mit dicken Farbstiften oder Ölkreiden auf ein großes Blatt Papier (mindestens A3, am Rand festkleben) zeichnen. Geben Sie dazu evtl. zwei Ausgangspunkte vor, damit das Kind weiß, wo es beginnen soll.

Starte mit dem Spiel unten!

Freunde spielen im Wald. Jeder sucht sich einen „Startbaum“ und läuft im Slalom um mindestens fünf Bäume herum. Jede Richtung ist erlaubt. Nimm für jeden eine andere Farbe!

Ich starte beim ersten Baum links oben.

Spielanleitung:

Stellen Sie fünf Becher mit der Öffnung nach unten in einer Linie so auf, dass man dazwischen durchlaufen kann. „Heute darfst du Slalom laufen. Lauf um jeden Becher, ohne ihn zu berühren!“ Zeigen Sie das Spiel vor. Durch den Abstand der Becher können Sie den Schwierigkeitsgrad verändern. Machen Sie mindestens fünf Durchgänge. Danach soll das Kind diese Übung mit dicken Farbstiften oder Ölkreiden auf einem großen Blatt Papier (mindestens A3, am Rand festmachen) durchführen. Zeichnen Sie einfach fünf dicke Punkte in einer Linie auf.

Auf jeder dieser kurvigen Straßen fährt ein anderes Fahrzeug. Fahre jeweils in einem Zug von oben nach unten und beachte die seitlichen Begrenzungslinien! Nimm für jedes Fahrzeug eine andere Farbe!

Spielanleitung:

Zeichnen Sie drei kurvige Straßen (von oben nach unten) auf ein großes Blatt Papier (mindestens A3). Das Kind soll nun mit einem kleinen Auto die Straßen abfahren, ohne an die Begrenzungslinien zu stoßen. Der Schwierigkeitsgrad steigt mit der Anzahl an Kurven und der Enge der Straßen. Anschließend soll das Kind diese Übung mit dicken Farbstiften oder Ölkreiden auf einem großen Blatt Papier (mindestens A3, Rand fixieren) durchführen. Sie können neue Straßen zeichnen oder die vorhandenen verwenden.

Starte mit dem Spiel unten!

Ziehe die punktierten Wellen nach und zeichne selbst welche dazu! Sprich dazu: „Welle hoch und Welle nieder, weich und sanft und immer wieder."

Ich verwende für die Wellen verschiedene Blautöne.

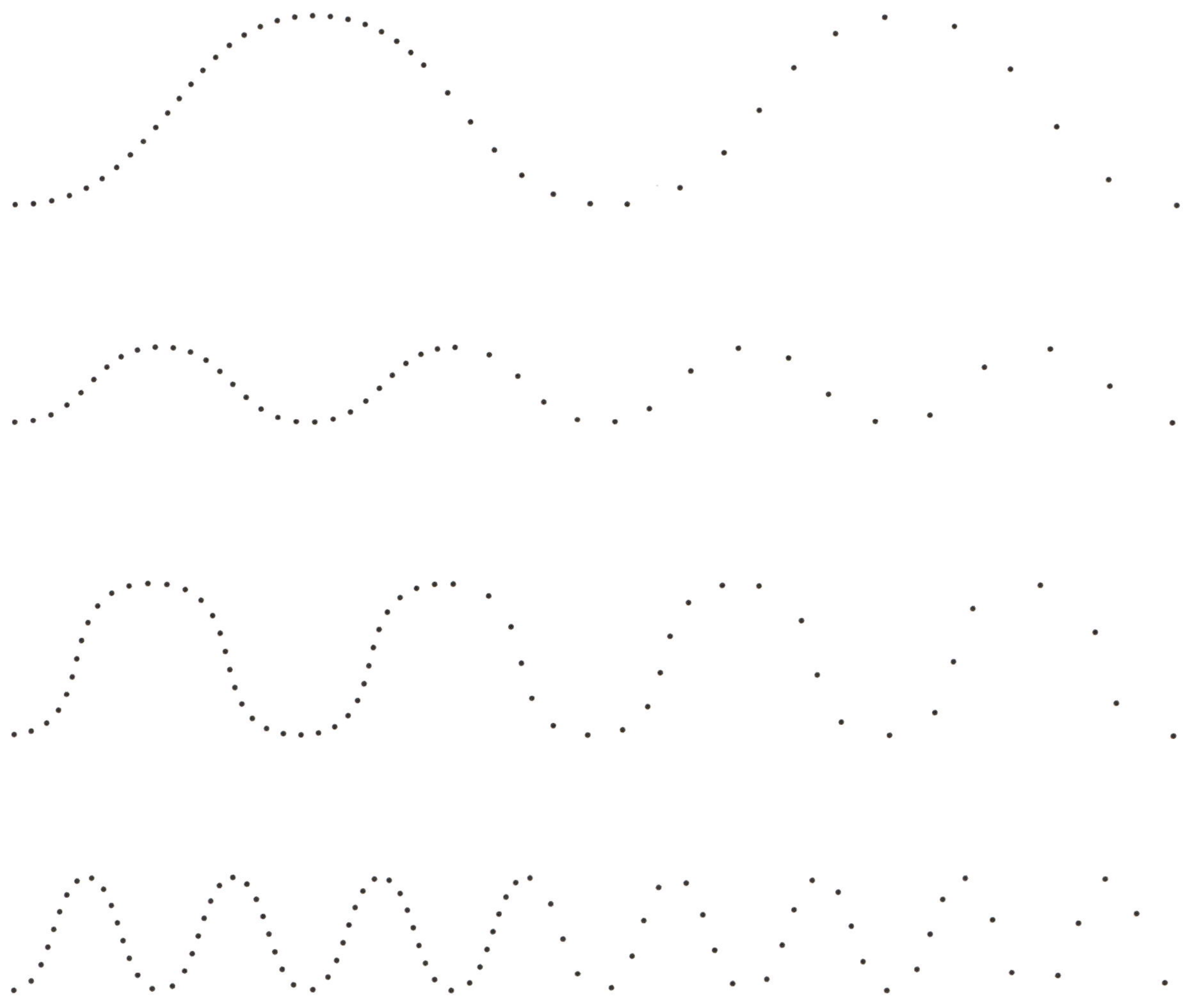

Spielanleitung:

„Im Meer gibt es Wellen, bei sanftem Wind kleine und bei starkem Wind große Wellen." Zeigen Sie Wellenbewegungen mit beiden ausgestreckten Armen vor. Stellen Sie sich anschließend neben das Kind und machen Sie gemeinsam Wellen. „Der Wind weht sanft. Er wird etwas stärker, noch stärker … Nun weht er wieder etwas weniger, noch weniger, er wird wieder ganz sanft …" Das Kind kann auch einmal alleine Wellen machen. Danach soll das Kind Wellen mit dicken Farbstiften oder Ölkreiden auf ein großes Blatt Papier (mindestens A3, Rand befestigen) zeichnen. Das Kind darf natürlich auch Fische oder andere Meerestiere dazuzeichnen und das Bild aufhängen.

Diese Rennfahrer fahren einen Slalom. Fahre den Slalom zuerst mit dem Zeigefinger und anschließend mit Farbe nach! Jeder Rennfahrer fährt mindestens drei Durchgänge! Verwende verschiedene Farben!

Diese Fahrer trainieren für das nächste Rennen.

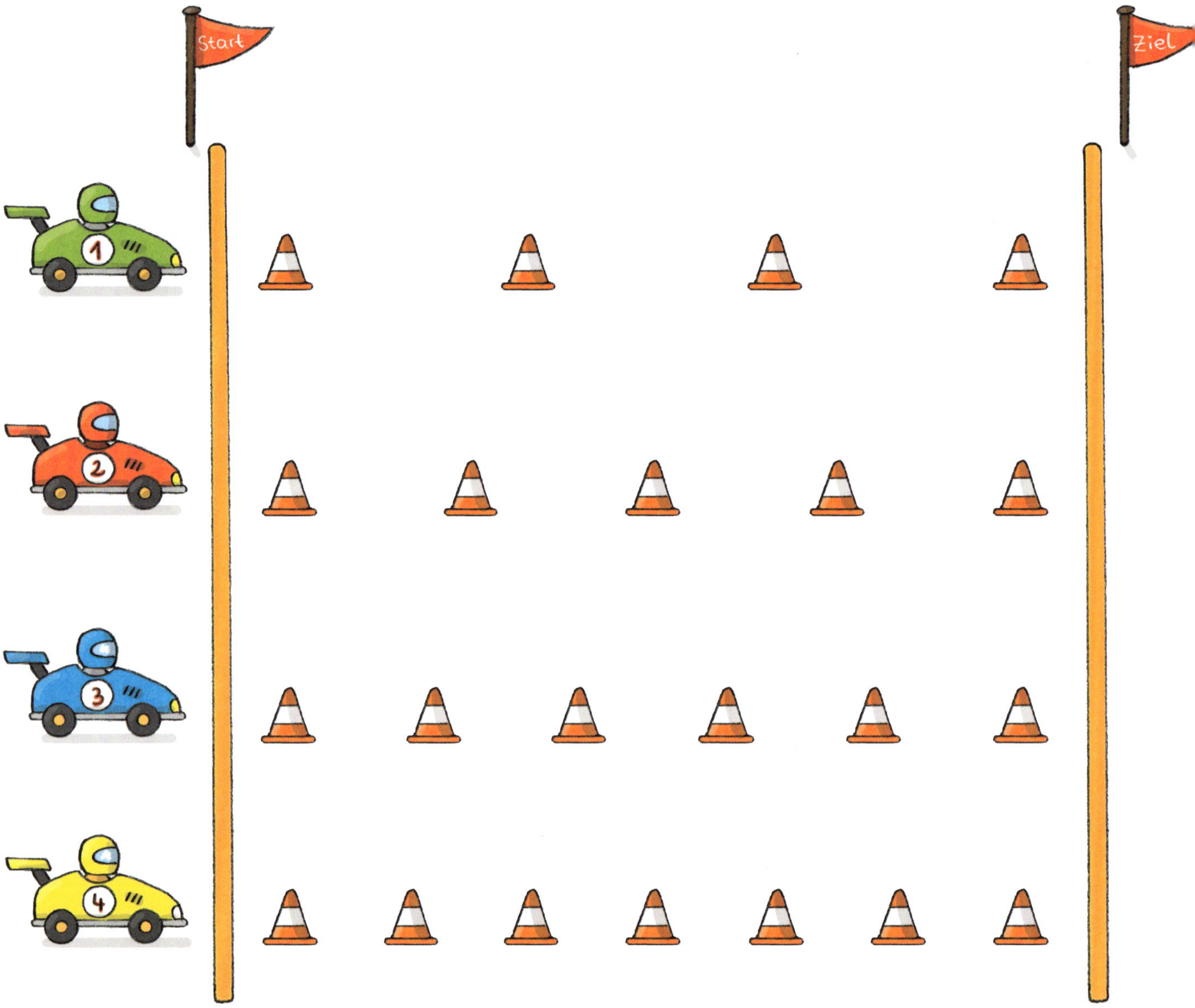

Spielanleitung:

Legen Sie am Boden sechs Scheiben oder Karten im Abstand von etwa 10–15 cm in einer Linie auf. Lassen Sie das Kind mit einem kleinen Auto von links nach rechts Slalom fahren. Es soll nirgendwo anfahren. Der Schwierigkeitsgrad kann durch den Abstand der Karten und das Tempo verändert werden. Spielen Sie mindestens fünf Durchgänge. Anschließend soll das Kind diese Übung mit dicken Farbstiften oder Ölkreiden auf einem großen Blatt Papier (mindestens A3, am Rand festkleben) durchführen. Zeichnen Sie dazu sechs Punkte in einer Linie auf.

Starte mit dem Spiel unten!

In manchen Parks gibt es einen Irrgarten.
Findest du den Weg aus diesem Labyrinth?
Suche ihn zuerst mit dem Finger und zeichne ihn anschließend mit Farbe ein!

Hoffentlich finde ich den richtigen Ausgang!

Spielanleitung:

Markieren Sie einen Ausgangspunkt und klären Sie mit dem Kind die Begriffe vorwärts, rückwärts, nach links und nach rechts. „Ich sage dir, wie viele Sprünge du in welche Richtung beidbeinig machen sollst. Mache zwei Sprünge vorwärts, vier Sprünge nach rechts, einen Sprung rückwärts, drei Sprünge nach links …" Spielen Sie drei Durchgänge. Danach soll das Kind diese Übung mit dicken Farbstiften oder Ölkreiden auf einem großen Blatt Papier (mind. A3, am Rand festmachen) durchführen. Zeichnen Sie dazu einfach 6 x 6 Punkte, markieren Sie einen Startpunkt und geben Sie dem Kind ähnliche Anweisungen wie vorher. Das Kind zeichnet den Weg von Punkt zu Punkt.

Starte mit dem Spiel unten!

Wem gehört welcher Luftballon? Ziehe die punktierten Schnüre nach und bemale den Ballon in der Farbe der Hose des jeweiligen Kindes!

Ob ich die Schnüre entwirren kann?

Spielanleitung:

Bereiten Sie eine leere Klopapierrolle/Spule und etwa fünf Meter Wolle vor. Lassen Sie das Kind, so schnell es kann, die Wolle dreimal auf- und wieder abwickeln. Notieren Sie jedes Mal die Zeit, damit das Kind vergleichen kann. Im nächsten Schritt soll das Kind drei Luftballons, die an langen Schnüren hängen, mit dicken Farbstiften oder Ölkreiden auf ein großes Blatt Papier (mindestens A3, Rand fixieren) zeichnen.

Starte mit dem Spiel unten!

Der Hase möchte zu seiner Karotte und die Igelmutter zu ihren Jungen. Zeig den Weg zuerst mit dem Zeigefinger und ziehe ihn danach mit einem Stift nach! Bemale den Hasen und die Igelmutter!

Diesen lieben Tieren zeige ich gern den Weg.

Spielanleitung:

Fingertanz! Zeigen Sie den Tanz an Ihrem eigenen Körper vor. Die Finger „tanzen" beginnend mit den Daumen, dann Zeige-, Mittel-, Ringfingern zu den kleinen Fingern und zurück über die kleinen Finger, Ring-, Mittel-, Zeigefinger und Daumen. Anschließend tippt das Kind jeweils beidhändig die Fingerspitzen auf seine eigenen Oberschenkel. Machen Sie die Übung dreimal (Oberschenkel, Knie, Unterschenkel).

Starte mit dem Spiel unten!

Diese Frösche hüpfen gern. Ziehe die Sprünge nach und verwende verschiedene Farben! Bemale jenen Frosch, der die meisten Sprünge macht!

Also ich spreche beim Zeichnen mit: „Quak, quak, quak – heute ist ein schöner Tag!"

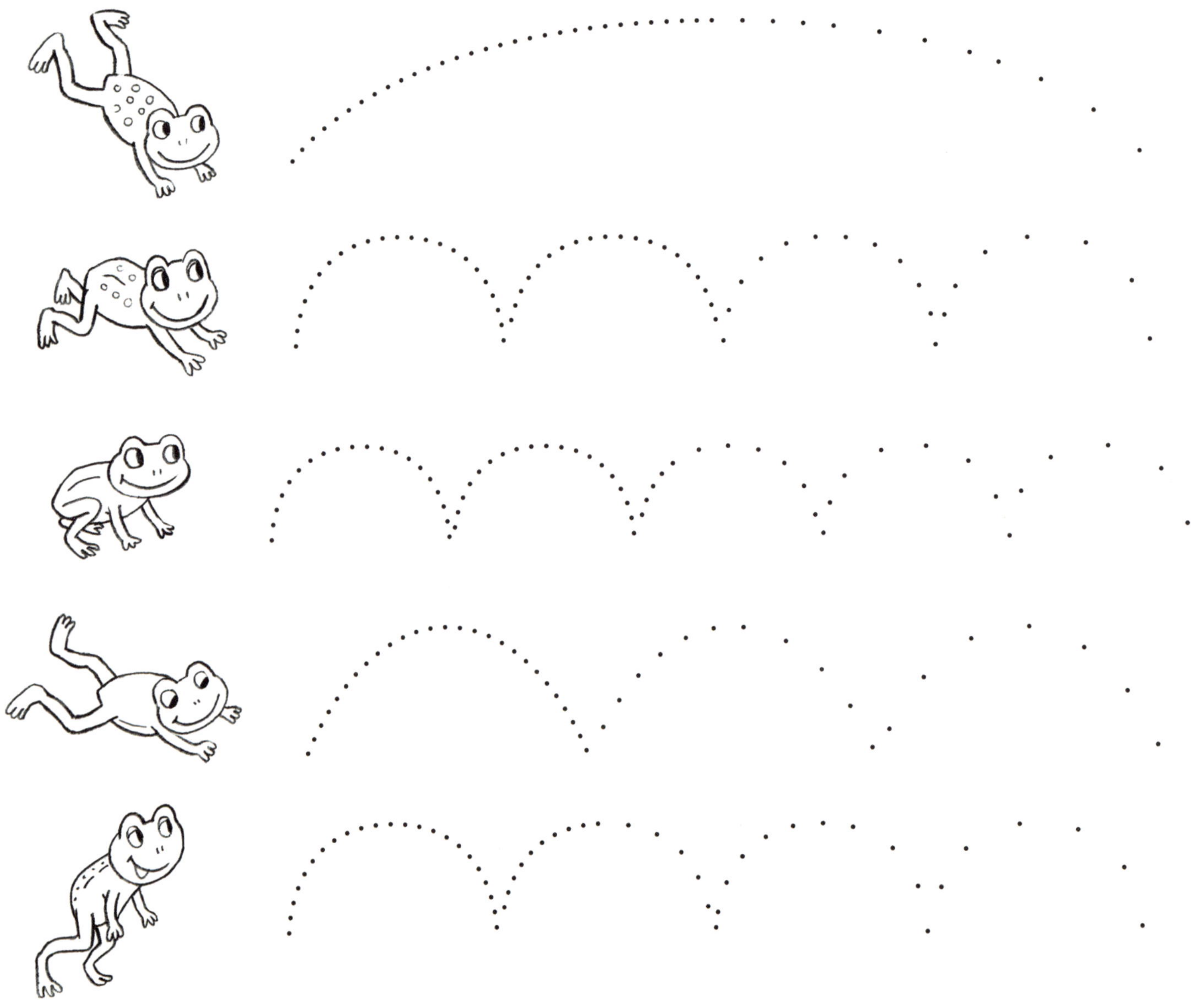

Spielanleitung:

„Heute bist du ein kleiner Frosch und ich ein großer Frosch. Wir hüpfen um die Wette. Wer ist zuerst am Ziel?"
Zeigen Sie das Spiel vor und markieren Sie eine Start- und Ziellinie. Spielen Sie mindestens drei Durchgänge.
Im nächsten Schritt soll das Kind Froschbögen mit dicken Farbstiften oder Ölkreiden auf ein großes Blatt Papier (mindestens A3, Rand befestigen) zeichnen. Zeigen Sie die ersten Bögen vor.

Starte mit dem Spiel unten!

Jeder Vogel möchte zu seinem Nest.
Zeig ihm den richtigen Weg zuerst mit dem Finger und ziehe den Weg anschließend mit Farbe nach!
Verwende verschiedene Farben!

Schnell, die Vogelkinder warten schon!

Spielanleitung:

Nehmen Sie ein langes Schuhband/eine Kordel und lassen Sie das Kind fünf lockere Knoten (= kleine Schlingen) binden und wieder öffnen. Helfen Sie nur, wenn das Kind Hilfe benötigt.

Starte mit dem Spiel unten!

Am Teich sind viele Insekten. Alle wollen zu einer Blüte fliegen. Ziehe die Flugbahnen zuerst mit dem Finger nach! Verwende verschiedene Farben!

Oh, die Biene fliegt aber viele Schlingen!

Spielanleitung:

Bereiten Sie ein tiefes Blech mit Sand vor. Zeichnen Sie mit dem Zeigefinger eine Reihe von Schlingen von links nach rechts (Schlingen nach oben). Das Kind soll die Schlingen mit dem Zeigefinger nachfahren. Durch leichtes Bewegen des Bleches wird gelöscht. Anschließend soll das Kind eigene Schlingen in den Sand zeichnen (mindestens fünf Reihen). Helfen Sie nur, wenn das Kind Hilfe benötigt. Dann soll das Kind mindestens drei Reihen solcher Schlingen mit dicken Farbstiften oder Ölkreiden auf ein großes Blatt Papier (A3, Rand fixieren) zeichnen.

Starte mit dem Spiel unten!

Im Turnsaal geht es lustig zu. Die Kinder machen viele Purzelbäume. Ziehe die punktierten Linien zuerst mit dem Finger nach und zeichne dann weiter! Verwende verschiedene Farben!

Sprich dazu:
„Ich rolle, rolle, rolle …"

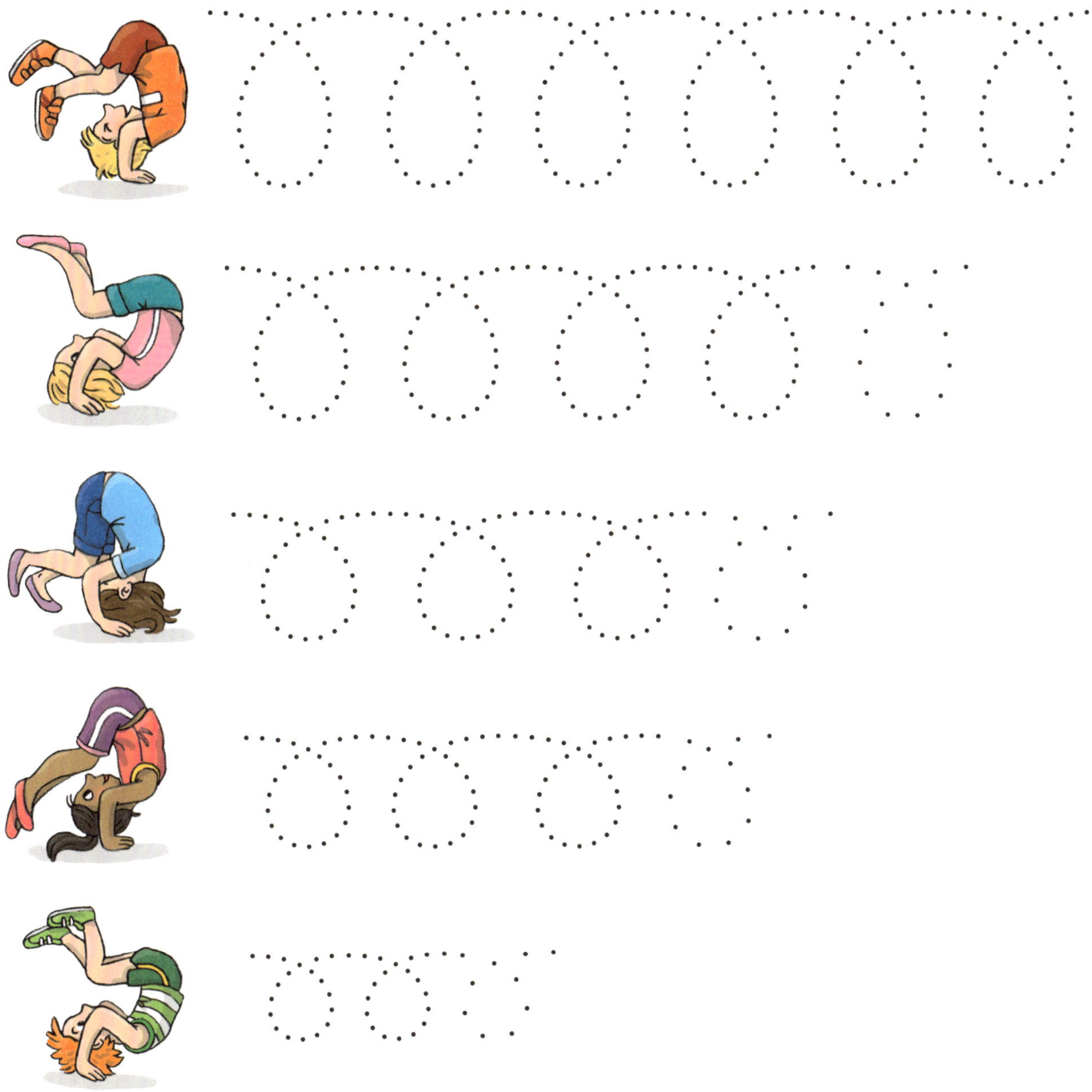

Spielanleitung:

Legen Sie Knetmasse bereit. Das Kind soll lange, dünne Rollen formen und diese in nach unten führende Schlingen legen. Anschließend soll das Kind die Schlingen mit dem Finger an der Oberfläche einige Male nachfahren. Im nächsten Schritt soll das Kind mindestens drei Reihen solcher Schlingen (groß → mittel → klein) mit dicken Farbstiften oder Ölkreiden auf ein großes Blatt Papier (mindestens A3, am Rand festmachen) zeichnen. Geben Sie jeweils zwei Schlingen pro Reihe vor.

Starte mit dem Spiel unten!

Die Autofahrer trainieren für ein Rennen.
Fahre in Pfeilrichtung los und pass gut auf, dass du in der richtigen Spur bleibst! Jedes Auto fährt drei Runden. Verwende für jedes Auto eine andere Farbe!

Nicht zu schnell,
sonst wird es gefährlich
auf der Straße!

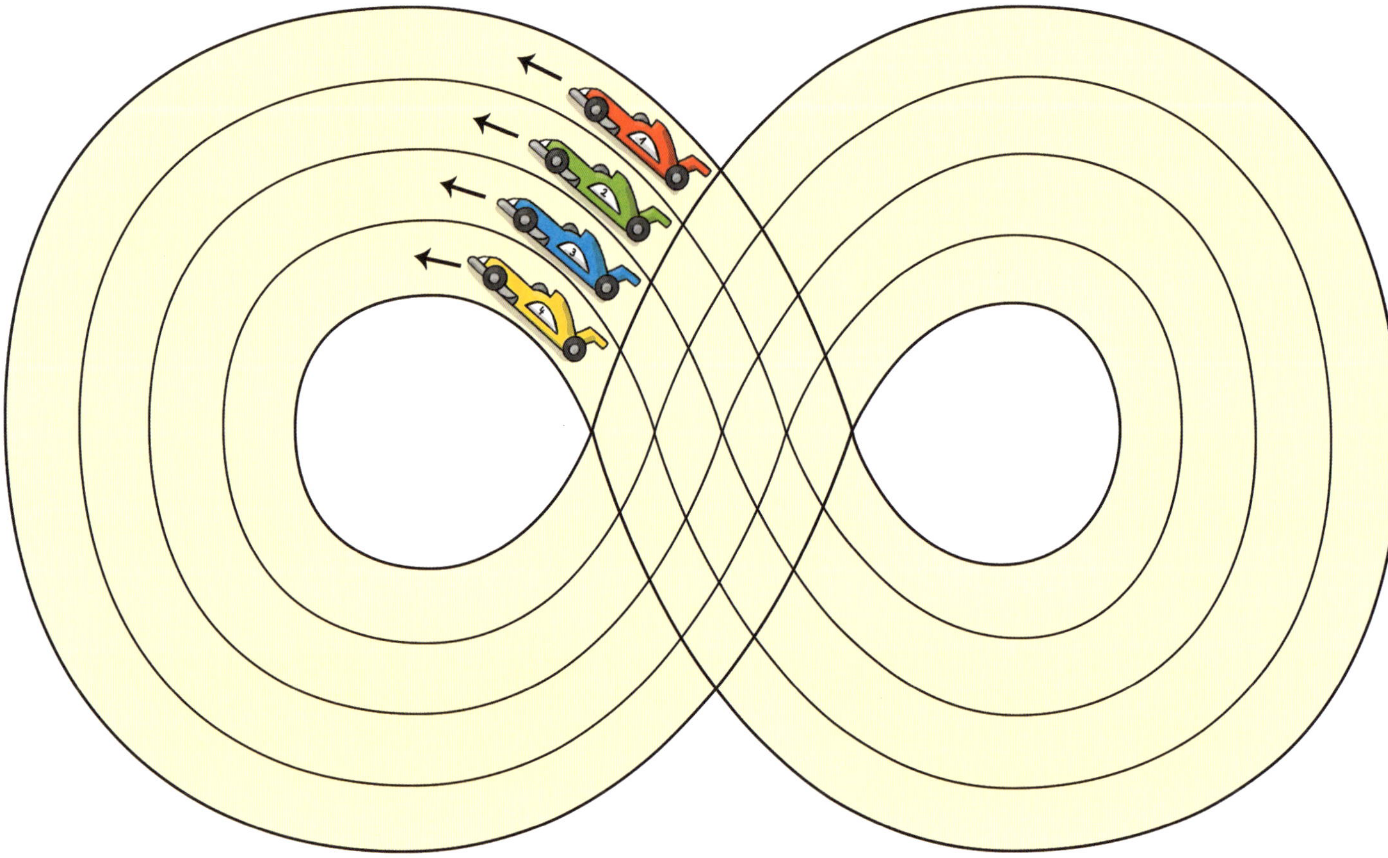

Spielanleitung:

Kleben Sie mit einem 5 cm breiten Klebeband eine liegende Acht (50–60 cm lang) auf den Boden! Markieren Sie den Startpunkt (= Kreuzungspunkt) und zeichnen Sie die Fahrtrichtung nach links oben ein. Das Kind soll sich mittig vor die liegende Acht setzen und mit einem kleinen Auto drei Runden fahren, zuerst langsam, danach schneller (nicht absetzen, sondern durchfahren und auf der Fahrbahn bleiben). Lassen Sie das Kind mit drei verschiedenen Autos fahren. Zeichnen Sie eine liegende Acht als Straße auf einem großen Blatt Papier (mindestens A3, Rand fixieren) vor. Das Kind soll nun mit dicken Farbstiften oder Ölkreiden auf dieser Straße „fahren".

Starte mit dem Spiel unten!

Die Kinder lassen im Herbst gerne Drachen steigen. Ziehe alle Schleifen bunt nach! Bemale die Drachen!

Welcher Drachen fliegt höher?

Spielanleitung:

Bereiten Sie Knetmasse vor. Das Kind soll dünne Rollen formen, aus diesen fünf unterschiedlich große liegende Achten legen und mit dem Finger an der Oberfläche einige Male nachfahren.
Im nächsten Schritt zeichnen Sie mit dicken Farbstiften oder Ölkreiden fünf unterschiedlich große liegende Achten auf ein großes Blatt Papier (mindestens A3, Rand befestigen). Das Kind soll sie nachfahren.

Die Kinder im Garten machen viele Seifenblasen.
Ziehe nach und zeichne eigene dazu!
Du kannst verschiedene Farben verwenden.

Schließe die Kreise, sonst zerplatzen die Seifenblasen!

Spielanleitung:

Lassen Sie das Kind runde Gegenstände (Gläser, Teller, Tassen ohne Henkel, Münzen …) im Zimmer suchen und zuerst mit dem Finger umfahren.
Im nächsten Schritt soll das Kind die gefundenen Gegenstände mit dicken Farbstiften oder Ölkreiden auf einem großen Blatt Papier (mindestens A3, am Rand festkleben) nachfahren.

In manchen Muscheln wachsen Perlen.
Ziehe die vorgezeichnete Perle nach und zeichne in jede Muschel eine Perle!
Verwende verschiedene Farben!

Vielleicht finde ich auch einmal eine Muschel mit einer Perle.

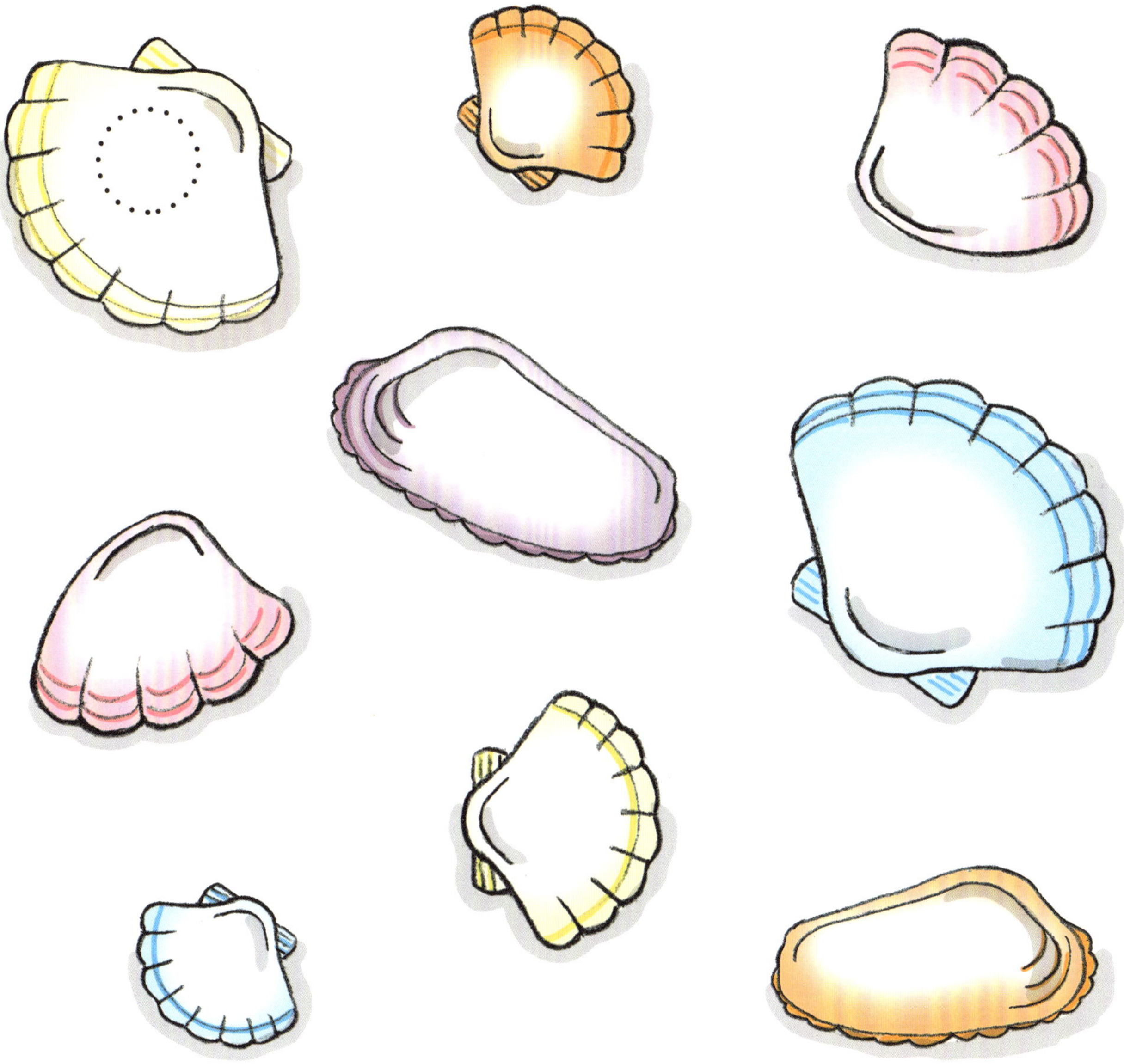

Spielanleitung:

Bereiten Sie ca. 30 Holzperlen/Kugeln (ø 6–8 mm) und zwei kleine Schüsseln vor. Das Kind soll nun versuchen, in 30 Sekunden möglichst viele Perlen einzeln von einer Schüssel in die andere zu legen, einmal mit der linken Hand, einmal mit der rechten Hand. Dann soll das Kind eine Perlenkette aus unterschiedlich großen Perlen mit dicken Farbstiften oder Ölkreiden auf ein großes Blatt Papier (mindestens A3, am Rand festmachen) zeichnen. Achten Sie darauf, dass jede Perle geschlossen ist.

Starte mit dem Spiel unten!

Ziehe bei all diesen Fahrzeugen die Räder und Reifen nach! Verwende verschiedene Farben!
Bemale das Fahrzeug, das dir am besten gefällt!

Achte darauf, dass jeder Kreis geschlossen ist, sonst geht dem Reifen die Luft aus!

Spielanleitung:

Bereiten Sie ein tiefes Blech mit Sand vor. Lassen Sie das Kind unterschiedlich große Räder mit dem Zeigefinger zeichnen. Achten Sie darauf, dass jeder Kreis geschlossen wird. Durch leichtes Bewegen des Bleches wird gelöscht. So kann das Kind immer wieder neue Räder zeichnen. Im nächsten Schritt soll das Kind Räder mit dicken Farbstiften oder Ölkreiden auf ein großes Blatt Papier (mindestens A3, Rand fixieren) zeichnen. Achten Sie wieder darauf, dass jeder Kreis geschlossen wird.

Starte mit dem Spiel unten!

Die Hühner haben viele Eier gelegt.
Ziehe die punktierten Linien nach und zeichne in jedes Nest ein Ei dazu! Achte darauf, dass die Linien geschlossen sind! Verwende verschiedene Farben!

Meine Oma hat Hühner, die grüne Eier legen.

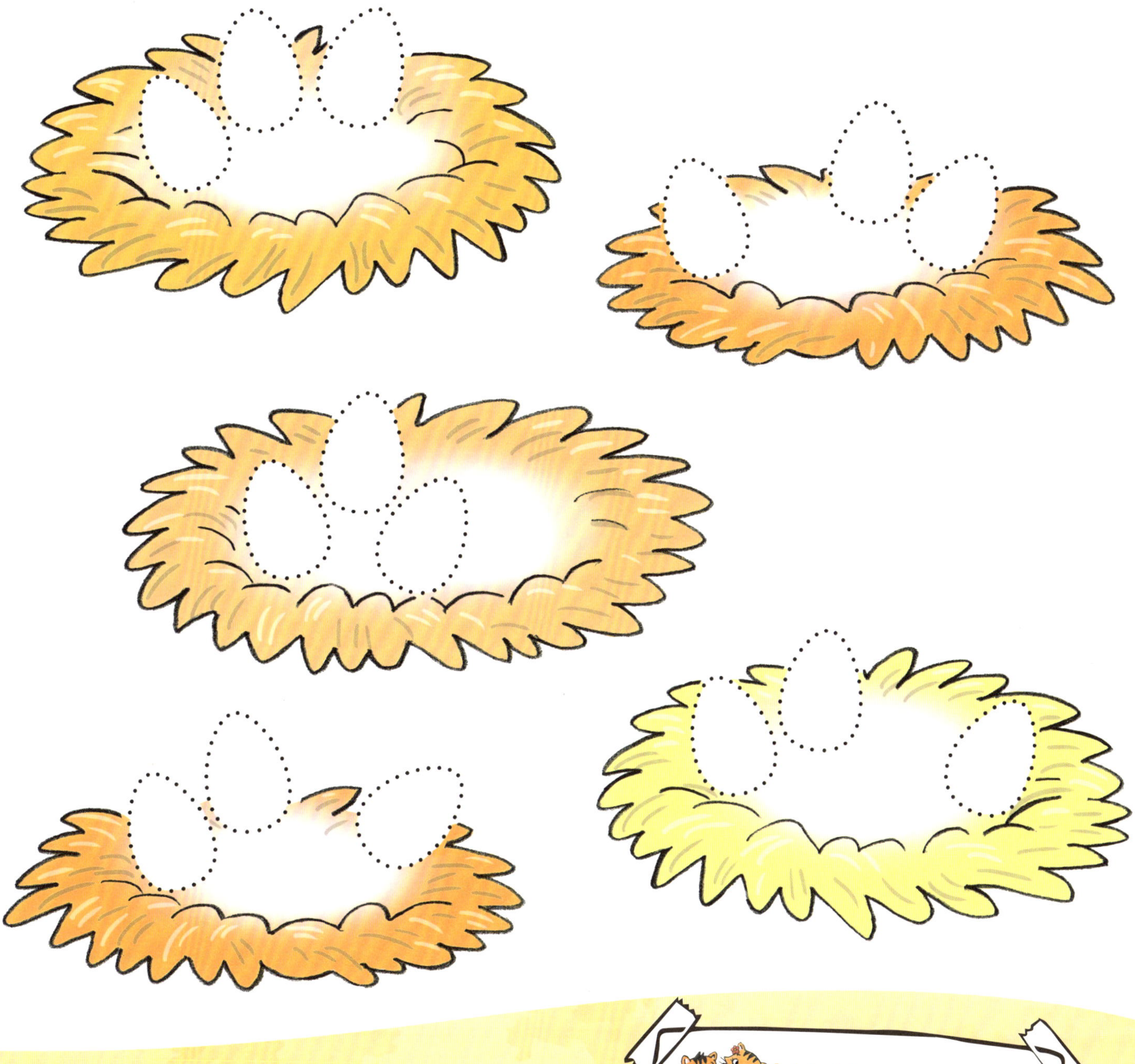

Spielanleitung:

Bereiten Sie Knetmasse vor. Lassen Sie das Kind dünne Rollen formen und aus diesen unterschiedlich große Eier legen. Achten Sie darauf, dass jedes Ei geschlossen wird. Das Kind soll die Eierform mit dem Finger an der Oberfläche einige Male nachfahren. Anschließend zeichnet das Kind drei Eier mit dicken Farbstiften oder Ölkreiden auf ein großes Blatt Papier (mindestens A3, Rand befestigen). Das Kind darf natürlich auch ein Nest dazuzeichnen und das Bild aufhängen.

Starte mit dem Spiel unten!

Zeichne den drei Freunden viele Sommersprossen ins Gesicht! Male wirklich kleine Punkte! Verwende verschiedene Brauntöne!

Für kleine Punkte mache ich winzige Kreisbewegungen!

Spielanleitung:

Der Daumen begrüßt jeden Finger mit den Worten: „Guten Tag!“ Zuerst berührt der Daumen den Zeigefinger, „spricht“ und löst sich wieder. Danach ist der Mittelfinger an der Reihe … Anschließend „begrüßen“ beide Daumen gleichzeitig ihren Zeigefinger …

Am Strand stehen viele Sonnenschirme, doch bei einigen fehlt etwas. Sieh dir den rosa Schirm genau an und ergänze die fehlenden Linien bei den anderen Schirmen!

Oje, da muss ich einige Schirme reparieren.

Spielanleitung:

Fädelkarte: Nehmen Sie einen Karton (ca. 20 x 20 cm) und stechen Sie mit einer spitzen Schere oder einer dicken Nadel 6 x 6 Löcher in regelmäßigen Abständen hinein.
Das Kind soll mit einem Schuhband drei verschiedene Muster fädeln.
Helfen Sie nur, wenn es notwendig ist.

Im Aquarium schwimmen viele kleine Fische.
Ziehe die vorgegebenen nach und zeichne eigene Fische ins Aquarium! Bemale sie bunt!

Fische sind einfach.
Ich zeichne zwei Bögen.

Spielanleitung:

Werfen Sie dem Kind einen Ball zu. Es soll einmal in einem Bogen nach oben, beim nächsten Mal in einem Bogen nach unten zurückwerfen. Spielen Sie mindestens fünf Durchgänge. Im nächsten Schritt soll das Kind diese Übung mit dicken Farbstiften oder Ölkreiden auf einem großen Blatt Papier (mindestens A3, am Rand festkleben) durchführen. Zeichnen Sie einfach zwei Strichmännchen, die sich gegenüberstehen. Das Kind soll einmal einen Bogen nach oben und danach einen Bogen nach unten zeichnen (mindestens je fünf Bögen).

Starte mit dem Spiel unten!

Bei dieser Mauer fehlen Ziegel. Ziehe die punktierten Linien nach! Stoppe, bevor du die Richtung wechselst, und achte auf die Ecken! Zeichne die fehlenden Ziegel dazu! Verwende verschiedene Farben!

Eine Ecke ist nicht rund, sondern spitz!

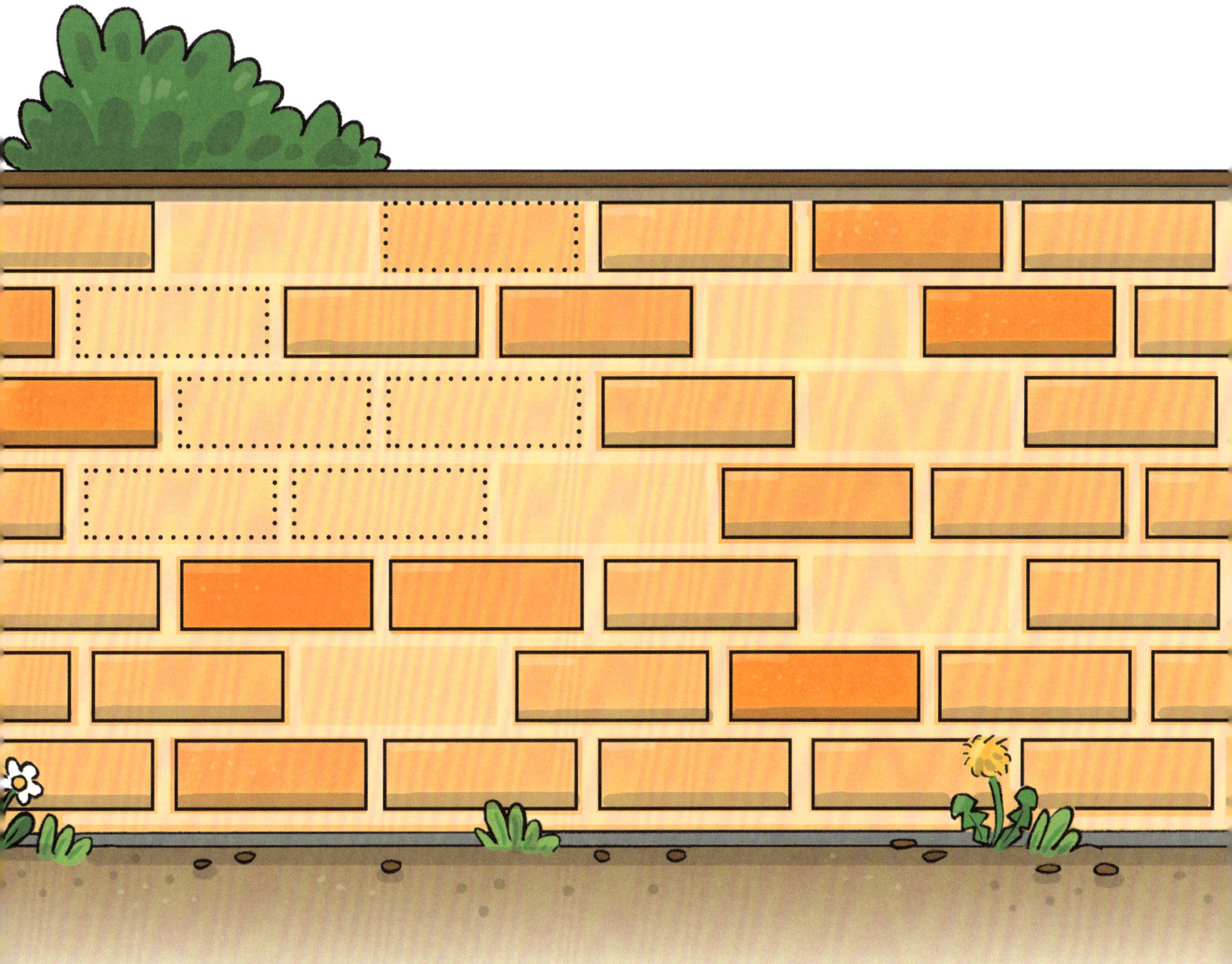

Spielanleitung:

Das Kind soll viereckige Formen (Bücher, Bretter, Lineale, Kartons, Bausteine …) im Raum suchen und mit dem Zeigefinger nachfahren. Anschließend sollen einige dieser Vierecke auf einem großen Blatt Papier (mindestens A3, am Rand festmachen) aufgelegt und mit dicken Farbstiften oder Ölkreiden nachgezogen werden. Vor jeder Richtungsänderung stoppen und auf die Ecken achten!

Starte mit dem Spiel unten!

Du siehst hier eine Burg aus vielen Bausteinen. Zeichne in jede quadratische Bausteinfläche ein Kreuz! Ziehe vorher die punktierten Kreuze nach! Verwende verschiedene Farben!

Das sieht wie ein Sprossenfenster aus!

Spielanleitung:

Bereiten Sie verschiedene Bausteine vor. Sprechen Sie mit dem Kind über die Form der Bausteinflächen (dreieckig, bogenförmig, rechteckig, quadratisch, rund). Das Kind soll die Bausteine mit den quadratischen Flächen zeigen. Anschließend darf das Kind mit den Bausteinen beliebig bauen. Dann soll das Kind die Bausteine mit den quadratischen Flächen mit dicken Farbstiften oder Ölkreiden auf einem großen Blatt Papier (mindestens A3, Rand fixieren) nachziehen und ein Kreuz hineinzeichnen. Zeigen Sie dem Kind ein Beispiel vor. Achten Sie darauf, dass das Kind die Linien durchzieht und nicht in der Mitte stoppt oder den Stift absetzt.

Starte mit dem Spiel unten!

Dieses große Fischnetz hat viele Knoten. Ziehe zuerst alle Kreuzungen mit einem kleinen Kreuz nach und mache anschließend einen kleinen, bunten Punkt auf jeden Knoten!

Zuerst ziehe ich eine Linie von oben nach unten, dann von links nach rechts.

Spielanleitung:

Lassen Sie das Kind mehrere Kreuzungen (= Kreuze) mit dicken Farbstiften oder Ölkreiden auf ein großes Blatt Papier (mindestens A3, Rand befestigen) zeichnen. Wichtig ist, dass das Kind die Linie von oben nach unten bzw. von links nach rechts in einem durchzieht (nicht absetzen, nicht stoppen).

Starte mit dem Spiel unten!

Auf diesem Baum sitzen viele Raupen und fressen sich an den Blättern satt. Ziehe die punktierten Linien nach! Verwende verschiedene Farben!

Ich bemale einige Raupen bunt.

Spielanleitung:

Zeichnen Sie dem Kind eine riesige Raupe auf ein großes Blatt Papier (mindestens A3, am Rand festkleben). Das Kind soll die Raupe zuerst mit dem Zeigefinger und anschließend mit dicken Farbstiften oder Ölkreiden nachfahren. Lassen Sie dem Kind auch eigene Raupen zeichnen.

Oje, da hat der Zauberer einiges weggezaubert. Zeichne die fehlenden Formen an die richtige Stelle!

Ich werde alles wieder an die richtige Stelle zaubern.

Spielanleitung:

Nehmen Sie Besteck und legen Sie eine von Ihnen gewählte Reihe auf. z. B. Gabel, Messer, Löffel, Gabel, Messer, Löffel …
Das Kind soll nun die Reihe richtig weiterlegen (noch drei- bis viermal). Anschließend legen Sie eine neue Reihe auf. Spielen Sie mindestens drei Durchgänge.

Starte mit dem Spiel unten!

Auf dem See segeln viele Boote. Ziehe die punktierten Linien nach! Stoppe, bevor du die Richtung wechselst, und achte darauf, dass die Ecken wirklich spitz werden! Verwende verschiedene Farben!

Ich beginne immer links und fahre schräg hinauf!

Spielanleitung:

Falten Sie mit dem Kind zwei größere (A5) und vier kleinere (A6) Segel aus Papier, indem Sie immer eine Ecke bis zur gegenüberliegenden Papierkante falten. Das Kind schneidet die überstehenden Papierstreifen weg. Es entstehen Dreiecke (= Segel). Lassen Sie das Kind die Segel mit dem Finger umfahren und an den Ecken vor dem Richtungswechsel kurz stoppen.
Dann soll das Kind die Segel aufkleben und mit dicken Farbstiften oder Ölkreiden auf einem großen Blatt Papier (mindestens A3, am Rand befestigen) umfahren. An den Ecken wieder kurz stoppen. Das Kind kann Boote für die Segel dazuzeichnen und das Bild aufhängen.

Starte mit dem Spiel unten!

Im Wald stehen viele Tannenbäume. Ziehe die punktierten Linien nach! Stoppe, bevor du die Richtung wechselst, so wird es wirklich spitz! Verwende verschiedene Grüntöne!

Ich achte besonders auf die Spitzen!

Spielanleitung:

Legen Sie verschiedene Dreiecke (Karton, Geodreieck, Legeplättchen, Bausteine) bereit. Das Kind soll bei jedem Dreieck die Ecken berühren und laut abzählen. Anschließend soll es die Dreiecke mit dem Finger umfahren und vor jeder Ecke kurz stoppen.
Im nächsten Schritt soll das Kind die Dreiecke mit dicken Farbstiften oder Ölkreiden auf einem großen Blatt Papier (mindestens A3, Rand fixieren) nachfahren. Ecken beachten!

Starte mit dem Spiel unten!

Die Vögel haben einen spitzen Schnabel, damit sie die kleinen Körner aufpicken können. Ziehe die punktierten Schnäbel nach und stoppe vor jeder Richtungsänderung, damit die Schnäbel wirklich spitz werden! Zeichne noch viele Körner dazu!

Im Winter brauchen die hungrigen Vögel viele Körner!

Spielanleitung:

Bereiten Sie einen Teller, eine Pinzette und Zeitungspapier vor. Das Kind soll kleine Papierschnitzel aus Zeitungen reißen und mindestens zehn Kügelchen (= Vogelfutter) formen. Mit einer Pinzette (= Schnabel) legt das Kind die „Körner“ auf einen kleinen Teller.

Starte mit dem Spiel unten!

Die Kinder lassen ihre Drachen steigen.
Ziehe die punktierten Linien nach und
bemale den Drachen, der dir am besten gefällt!
Verwende verschiedene Farben!

Ich habe meinen Lieblingsdrachen schon gefunden!

Spielanleitung:

Falten Sie mit dem Kind eine Drachenform und lassen Sie das Kind die Umrisse mit dem Zeigefinger umfahren. Im nächsten Schritt soll das Kind den Drachen auf ein großes Blatt Papier (mindestens A3, Rand befestigen) kleben, mit dicken Farbstiften oder Ölkreiden nachfahren und ihm ein Gesicht zeichnen.

Zeichne die vorgegebenen Figuren noch einmal in die leeren Kästchen daneben!
Bemale sie mit den richtigen Farben!

Da muss ich auf die Lücken achten!

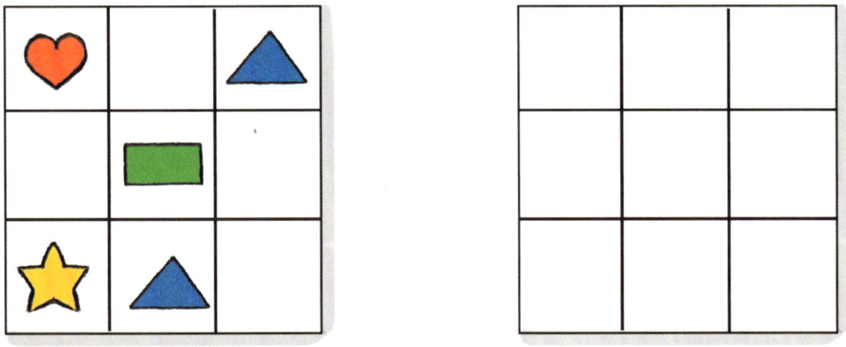

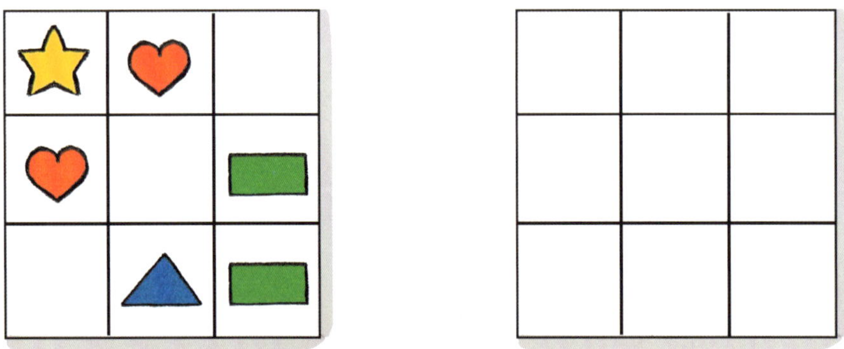

Spielanleitung:

Bereiten Sie aus A4-Papier zwei Spielpläne mit je 3 x 3 quadratischen Feldern (= 9 Felder mit ca. 7 cm Seitenlänge) und färbige Formen (Kreis, Dreieck, Rechteck, Quadrat …) in doppelter Ausführung vor. Legen Sie verschiedene Muster. Das Kind soll die vorgegebenen Muster genau nachlegen. Bauen Sie mindestens fünf Muster.

Das Kind kennt nun alle Grundelemente unserer Schrift und ist bestens auf das Schreiben vorbereitet. Wenn das Kind schon selbst schreiben möchte, sehen Sie auf den nächsten Seiten, wie die einzelnen Buchstaben und Zahlen in der derzeit gültigen Druckschrift geschrieben werden. Der Startpfeil mit dem Punkt kennzeichnet, wo man beginnt.
Als Anregung werden hier einige Übungsformen für das Schreiben von Buchstaben und Zahlen angeführt.

Übungen zu Buchstaben und Zahlen

- Kleben Sie Buchstaben/Zahlen mit breitem Klebeband am Boden auf! Lassen Sie das Kind mehrmals in Schreibrichtung gehen und laut dazu sprechen!
- Das Kind schreibt mit dem Zeigefinger Buchstaben/Zahlen in die Luft bzw. auf den Tisch und spricht dazu.
- Das Kind schreibt Ihnen eine Zahl/einen Buchstaben auf den Rücken und Sie benennen sie/ihn. Wechsel!
- Das Kind schreibt Buchstaben/Zahlen in ein Blech mit Sand und spricht laut dazu.
- Das Kind formt Buchstaben/Zahlen aus Knetmasse, fährt sie mit den Fingern nach und spricht laut dazu.
- Das Kind tastet Filzbuchstaben/Filzzahlen mit den Fingern ab oder erfühlt Holzbuchstaben/Holzzahlen in einem Tastsack und spricht laut dazu.
- Schreiben Sie eine Zahl/einen Buchstaben auf ein A4-Blatt und kennzeichnen Sie die Schreibrichtung! Das Kind fährt die Zahl/den Buchstaben mit dem Zeigefinger nach und spricht dazu. Anschließend wird mit verschiedenen Farben nachgezogen.
- Das Kind schreibt selbst eine Zahl/einen Buchstaben mit dicken Farbstiften oder Ölkreiden auf ein großes Blatt Papier (mindestens A3, am Rand festkleben) und spricht dazu. Es kann unterschiedliche Größen und Farben verwenden.

www.ggverlag.at

ISBN 978-3-7074-2179-8

Schulbuchnummer 195.665

In der aktuell gültigen Rechtschreibung

2. Auflage 2022

Illustrationen: Elke Broska

Printed by Brüder Glöckler, Wöllersdorf

A B C D E

F G H I J K

L M N O P

Qu R S T U

V W X Y Z

a b c d e
f g h i j k
l m n o p
q u r s t u
v w x y z